초등학생의 진로와 직업 탐색을 위한
잡프러포즈 시리즈 07

예능PD는 어때?

ABCDEFGH
IJKLMNOP
QRSTUVW
XYZ12345
67890

Talk Show

차례

CHAPTER 01 예능PD 신정수의 프러포즈

- 예능PD 신정수의 프러포즈 … 15

CHAPTER 02 예능 프로그램이란?

- 예능 프로그램이 뭔가요? … 19
- 예능 프로그램의 역사는? … 20
- 재미와 감동, 그리고 꿈도 선물하죠 … 22
- 예능 프로그램에서 평가란? … 24

CHAPTER 03 예능PD는 누구인가요?

- 예능PD는 누구인가요? … 29
- 모으고, 이끌고, 책임지는 사람 … 31
- AD는 누구이고, 무슨 일을 하나요? … 33
- AD 과정이 꼭 필요한가요? … 35
- 예능PD의 하루 … 38

CHAPTER 04 · 예능PD가 되려면?

- ☺ 사람을 좋아하고 만남을 즐긴다면 … 45
- ☺ 창의력보다 공감 능력이 더 중요해요! … 46
- ☺ 뉴스 시청과 독서를 통해 공감 능력을 높여요 … 48
- ☺ 학창시절엔 다양한 경험을 … 49
- ☺ 방송사 공채시험에 도전! … 50
- ☺ 외주 프로덕션의 PD가 되는 방법도 … 51
- ☺ 대학을 안 나와도 예능PD가 될 수 있어요 … 52

CHAPTER 05 · 예능PD의 매력

- ☺ 프로그램을 통해 사람들과 직접 소통하는 매력 … 57
- ☺ 젊게, 즐겁게 살 수 있어요 … 58
- ☺ 모든 사람을 즐겁게 만드는 보람 … 59
- ☺ 좋아하는 것이 일이 되는 기쁨 … 60

CHAPTER 06 · 예능PD의 마음가짐

- ☺ 겸손한 자세로 다양한 문화를 존중하라 … 65
- ☺ 창작의 고통은 동료들과 함께 … 66
- ☺ '웃겨야 산다'는 직업병 … 68
- ☺ 쉴 때는 잠도 자고 음악도 듣고 … 69

 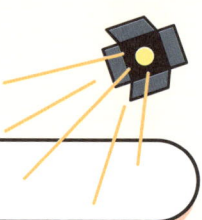

CHAPTER 07 예능PD의 미래

- ☺ 우리나라 예능이 세계에서 제일 재밌어요! … 73
- ☺ 해외에 수출하는 예능 프로그램 … 74
- ☺ 스타 PD의 시대 … 76
- ☺ 예능PD도 해외로 … 77

CHAPTER 08 예능PD 신정수를 소개합니다.

- ☺ 13년 개근, 12년 반장! … 81
- ☺ '걸어 다니는 음악 백과사전' 신정수 … 82
- ☺ 때마다 달랐던 장래 희망 … 84
- ☺ AD 시절 첫 사계절은 너무 힘들었어요 … 86
- ☺ 성공도 하고 실패도 하며 성장했죠 … 88
- ☺ 중국에서 만든 예능 프로그램 … 90
- ☺ 멋진 음악 프로그램을 만드는 꿈을 꾸어요 … 91

CHAPTER 09 — 10문 10답 Q&A

- ☺ Q1. 시트콤은 예능인가요, 드라마인가요? … 95
- ☺ Q2. PD가 주인공인 드라마나 영화를 추천한다면? … 96
- ☺ Q3. 예능PD가 모이면 재미있나요? … 97
- ☺ Q4. PD의 남녀 성비는 어떤가요? … 98
- ☺ Q5. AD 연봉은 얼마나 되나요? … 99
- ☺ Q6. 연예인과 친하면 프로그램에 도움이 되나요? … 100
- ☺ Q7. 신정수 PD가 좋아하는 예능 프로그램은? … 101
- ☺ Q8. 1인 미디어 활동이 PD가 되는 데 도움이 되나요? … 103
- ☺ Q9. 예능PD가 다른 일도 할 수 있나요? … 104
- ☺ Q10. 과학기술의 발전이 예능 프로그램에도 도움이 되나요? … 105

CHAPTER 10 — 예능PD 신정수의 대표작들

- ☺ 주제가 있는 토크쇼의 시작, <놀러와> … 108
- ☺ 실력파 가수들에게 경연을 시킨, <나는 가수다> … 110
- ☺ 모든 음악의 공존을 꿈꾸었던, <더 마스터-음악의 공존> … 112

CHAPTER 11 — 예능 프로그램 제작 과정

- ☺ 예능 프로그램 제작 과정 … 116

예능PD 신정수의 프러포즈

안녕하세요, 예능PD 신정수입니다. TV를 켜고 채널을 돌릴 때 여러분의 눈을 사로잡는 프로그램은 무엇인가요? 코미디, 쇼, 리얼 버라이어티, 토크쇼, 오디션, 서바이벌 프로그램을 보고 채널을 고정했다면 여러분은 예능 프로그램을 좋아하는 시청자입니다.

'재미가 없으면 TV가 아니고, 새롭지 않으면 예능이 아니다!'

새롭고 재미있는 것을 찾는 게 예능PD가 할 일이에요. 세상 사람들과 '재미'로 소통하고 싶다면 예능PD가 되세요. 여러분의 인생에서 젊음과 즐거움이 사라지지 않을 거예요. 사람들에게 웃음과 감동을 전하며 즐거운 세상을 만드는 행복한 예능PD의 세계에 여러분을 초대합니다..

2장에서는?

예능PD가 만드는 예능 프로그램은 어떤 게 있을까요? 예능 프로그램이 발전해 온 역사를 보면 우리나라 예능 프로그램의 현재를 알 수 있어요.

예능 프로그램이 뭔가요?

　방송 프로그램은 뉴스, 드라마, 스포츠 경기, 다큐멘터리, 정보 프로그램, 예능 프로그램 이렇게 여섯 가지 정도로 나누어져요. 뉴스와 드라마, 다큐멘터리, 정보 프로그램에 들어가지 않는 것들을 모두 예능 프로그램이라고 보면 돼요. 범위가 상당히 넓죠.

　쇼, 코미디, 퀴즈쇼, 시트콤, 리얼 버라이어티, 오디션 등이 모두 예능 프로그램이에요.

<놀러와> 400회 녹화 현장 모습

예능 프로그램의 역사는?

우리나라에서 전국에 TV 방송이 시작된 것은 1966년이었어요. 처음에는 가요 쇼와 코미디만 있다가 뉴스와 드라마가 생겼고, 다음에 스포츠 중계가 시작됐죠. 1980년대에 컬러 TV가 나오고 나서 토크쇼가 처음 방송되었고요. 외국에서는 이미 토크쇼와 퀴즈쇼가 유행하고 있었죠.

1990년대 초반에 일본에서 버라이어티쇼라는 게 생겼는데요. ENG 카메라(휴대용 TV카메라와 비디오카세트 레코더를 함께 사용해 현장 취재가 가능한 카메라)를 들고 야외로 나가 현실을 찍기 시작한 거죠. 일본 TV의 영향을 받아 우리나라도 <일요일 일요일 밤에>라는 버라이어티 프로그램이 처음 생겼어요.

2000년대 초반에 미국의 <아메리칸 아이돌>, 영국의 <브리티시 갓 탤런트>와 같은 오디션 프로그램이 나와서 전 세계에 오디션 프로그램이 유행했죠. 또 미국에서 서바이벌 프로그램도 생겼어요. 일반인

15명이 섬에 들어가서 살아남은 마지막 한 명이 100만 달러의 상금을 가져가는 거였죠. 우리나라는 서바이벌 프로그램을 오디션과 결합해서 서바이벌 오디션 프로그램을 만들었어요.

지금의 예능은 리얼 버라이어티뿐만 아니라 관찰 프로그램, 여행 프로그램, <윤식당> 같은 독특한 프로그램도 있어요. 이처럼 예능 프로그램은 더 새롭고 다양하게 발전하고 있는데요, 그 변화의 속도가 매우 빠르죠. 예전엔 우리나라가 다른 나라의 예능 프로그램을 따라갔다면 지금은 제일 다양한 예능 프로그램을 가진 나라가 되었어요.

재미와 감동, 그리고 꿈도 선물하죠

예능이라는 단어는 2000년대 후반부터 쓰이기 시작했어요. 그전에는 '오락 방송'이나 '연예 오락 방송'으로 불렀어요. 시청자에게 재미를 주는 프로그램이라는 목적이 분명했죠. 지금도 예능 프로그램은 재미있게 만드는 게 가장 중요해요.

재미 못지않게 중요한 게 시청자와 공감하는 거예요. 요즘엔 TV 채널이 많아서 시청자의 시선을 붙잡기가 쉽지 않아요. 그래서 시청자가 빠져들 수 있는 소재가 중요한 거죠. 그게 공감이고요.

시청자의 공감을 얻는 방법이 멀리 있지는 않더라고요. 누구나 경험하는 현실 속에 웃음과 눈물이 있고, 감동의 소재가 있어요. 평범한 사람들의 일상을 잘 관찰하면 시청자가 공감할만한 진짜 웃음을 찾아낼 수 있어요.

그리고 예능 프로그램만이 할 수 있는 독특한 감동이 있어요. 그건 시청자의 꿈을 이뤄주는 거예요. 지금 당장은 이루어질 수 없을 것 같아서 미뤄둔 꿈을 현실로 만들어 주는 거죠. 낡은 집이 고쳐져 있거나, 뜻밖의 큰 선물을 받거나, 돈벼락을 맞는 등의 엉뚱한 바람이 현실로 일어나면 얼마나 재미있겠어요? 그래서 예능 프로그램에서 가장 많이 쓰이는 글자가 '과연'이라는 자막이에요. 시청자의 눈을 계속 붙잡는 자막이죠. 이 모든 것들이 재미와 연결되어 있답니다.

M.net <더 마스터> 녹화현장 사진

예능 프로그램에서 평가란?

　모든 방송 프로그램은 시청률 표로 평가를 받아요. TV 시청률에 따라 광고가 붙기 때문에 가장 중요한 성적표가 되는 거죠. 요즘엔 모바일 시청률, 시청자의 관심도나 화제성도 중요해요. 그래도 아직은 숫자로 표시되는 TV 시청률 표가 예능 프로그램을 평가하는 가장 중요한 기준이에요.

　프로그램을 만드는 PD에게 시청률만큼 중요한 게 작품성이에요. 시청률은 조금 떨어져도 시청자가 좋은 프로그램이라고 반응하거나, 기자들이 잘 만든 프로그램이라고 평가한 기사를 싣거나, 미디어 잡지에서 좋은 평가를 받는 거예요. 시청률이 높은 프로그램이 모두 좋은 작품은 아니니까요.

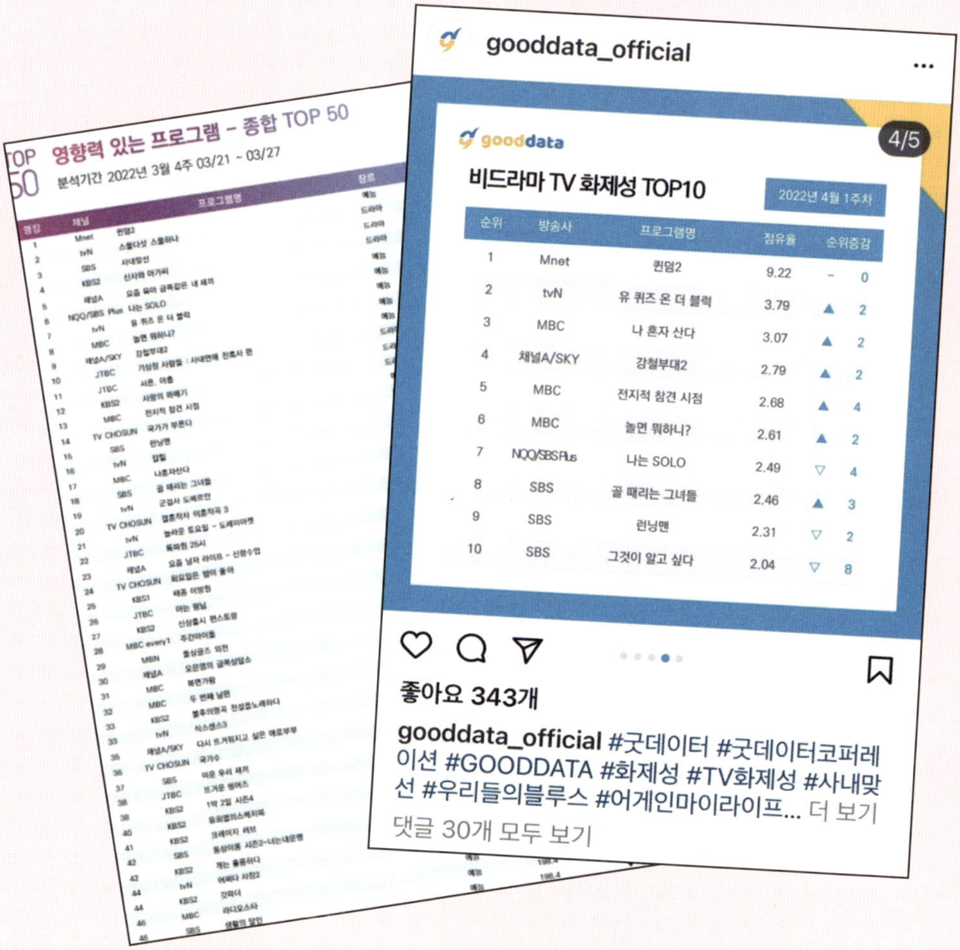

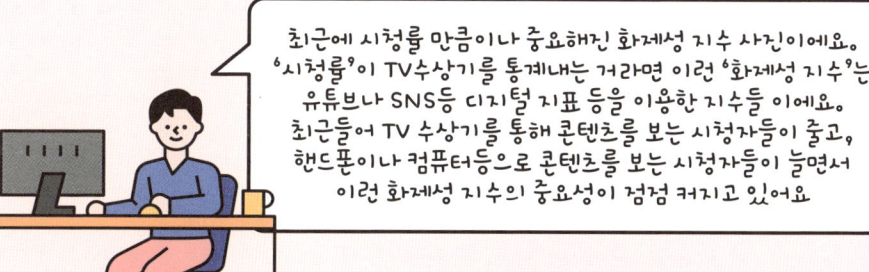

최근에 시청률 만큼이나 중요해진 화제성 지수 사진이에요. '시청률'이 TV수상기를 통계내는 거라면 이런 '화제성 지수'는 유튜브나 SNS등 디지털 지표 등을 이용한 지수들 이에요. 최근들어 TV 수상기를 통해 콘텐츠를 보는 시청자들이 줄고, 핸드폰이나 컴퓨터등으로 콘텐츠를 보는 시청자들이 늘면서 이런 화제성 지수의 중요성이 점점 커지고 있어요.

3장에서는?

예능PD가 하는 일은 무엇인지 구체적으로 알아보아요. PD가 되기 전에 거쳐야 하는 과정도 있고, 배워야 할 것도 있다는군요.

예능PD는 누구인가요?

　우리나라의 PD는 '프로듀서(Producer)와 디렉터(Director)'의 줄임말에 가까워요. 프로듀서는 프로그램을 기획하고, 예산을 짜고, 홍보와 마케팅을 담당하죠. 디렉터는 프로그램을 연출하고요. 외국의 경우는 프로듀서(Producer)가 디렉터(Director)를 고용해서 하나의 프로그램을 만드는데 우리나라는 아직 PD가 혼자서 모든 역할을 해요.

　방송 프로그램의 마지막에 기획 누구, 대본 누구, 카메라 누구, 조명 누구, 컴퓨터 그래픽 누구, 이렇게 엔딩 크레디트(End credits)가 있어요. 이 사람들이 모두 프로그램을 만든 사람들인데 가만히 보고 있으면 PD가 아무것도 안 한 것처럼 보이기도 해요. 그런데 사실은 모든 분야의 일에 다 관여하는 사람이 PD예요.

　PD는 카메라, 세트, 대본, 컴퓨터 그래픽, 조명 등에 대해서 전문가만큼은 모르지만 각 분야의 일을 70% 정도는 알고 있어야 해요. 프로그램에 참여하는 전문가들은 모두 능력이 뛰어나지만 만들어야 하는 프로그램을 PD만큼 이해하고 있지는 않아요. 그래서 PD가 조명은 어떤 게 더 있었으면 좋겠다, 대본은 어떤 내용이 들어있으면 좋겠다, 카메라는 어디를 좀 더 잘 비춰주면 좋겠다는 의견을 내서 프로그램이 잘 완성되도록 이끄는 역할을 하죠.

이렇게 함께 프로그램을 만들 사람들을 꾸리고 예산에 맞게 연예인을 캐스팅해서 좋은 프로그램을 만들어내야 하는 게 PD가 하는 일이랍니다.

MBC <놀러와> 현장에서 설명하는 신정수 PD

모으고, 이끌고, 책임지는 사람

　프로그램을 하나 만들기 위해서는 많은 사람들이 모여서 긴 시간 회의를 해요. 프로그램의 성격은 무엇으로 할까, 어떤 연예인을 캐스팅할까, 사용할 수 있는 아이템은 뭐가 있을까 등등 결정할 일이 많거든요. PD가 아이디어를 내기도 하지만 작가나 조연출이 괜찮은 아이디어를 내면 잘 골라서 프로그램 만들 때 사용하죠.

　하지만 어떤 문제는 의견이 모이지 않거나 반대되는 의견이 팽팽히 맞기도 해요. 그럴 때는 먼저 PD의 고집을 버리고 넓은 마음으로 들어요. 서로 다른 의견을 내는 사람들의 이야기를 듣다 보면 조절할 수 있는 방법을 찾기도 하니까요. 그러려면 PD는 모든 사람이 끊임없이 얘기할 수 있는 편안한 분위를 만들어 주어야 해요. 잘 듣는 일도 PD가 할 일이죠.

　대신 한번 결정한 일은 돌아보지 않고 밀고 나가요. 결정한 걸 자꾸

되돌리면 프로그램 진행이 잘 안 되더라고요. 프로그램을 만들다 보면 여러 가지 예상하지 못한 일들이 생겨요. 그럴 때 PD는 프로그램의 기획 의도에 맞는 방법을 찾아 결정하죠. 그게 프로그램을 책임지는 PD의 역할이에요. 그래서 PD가 되기 위해 6~7년의 훈련이 필요한 거죠.

AD는 누구이고, 무슨 일을 하나요?

　방송사에 PD로 들어갔다고 바로 PD가 되지는 않아요. 처음에는 방송사 시스템을 배우는 AD(Assistant Director, 조연출이라고 함)로 일해요. 방송이 어떻게 만들어지는지, 기획부터 방송을 내보내는 일까지 모든 과정을 배우죠. 그다음에 편집을 주로 배워요. 특히 예능AD는 편집하는 일이 매우 중요해요. 그 밖에 촬영하는 법, 회의하는 방법도 배워요.

　행정 업무도 있는데 작가에게 얼마를 지급하고, 출연자들에게 얼마씩 지급해야 하는지 계산하는 것도 조연출의 역할이죠. 프로그램 예고편도 직접 만들고요. 한 프로그램에 AD가 두세 명씩 있어요. 그 사람들이 협업해서 프로그램을 만들고 자막을 쓰죠.

　예능은 6~7년, 드라마는 8~9년, 교양은 5년 정도의 AD 시절을 거쳐요. 요즘엔 줄었을 것 같지만 배워야 할 게 더 많아져서 1~2년 더 늘었어요. 예전에 한 프로그램을 찍는 카메라가 5~6대 정도였는데 요즘엔 20대 이상 사용해서 훨씬 어려워졌거든요.

AD 과정이 꼭 필요한가요?

네. 저는 반드시 필요하다고 생각해요.

방송 프로그램을 만드는 전체 과정을 아는 사람이 딱 한 명 있는데 그 사람이 바로 PD예요. 배우는 과정을 거치지 않아서 제대로 알지 못하면 프로그램을 만들 때 실수가 많이 발생할 거예요.

또 숙련 과정에서 PD가 어떤 마음으로 사람들을 대해야 하는지 배울 수 있어요. PD가 방송 프로그램을 만드는 데 중요한 결정을 하지만, 그 결정은 수많은 사람들과 의논하고 협동하는 과정을 거치거든요. 여러분들이 좋아하는 김태호 PD, 나영석 PD도 5년, 7년의 AD 시절을 거쳤고, 저도 6년 동안 AD로 일했어요.

20여 대의 카메라가 찍은 영상을 하나하나 확인하고 프로그램에 맞게 영상을 편집해요.

예능PD의 하루

프로그램은 녹화 준비, 녹화, 편집의 과정을 거쳐 완성돼요. 이 중에서 녹화 준비하는 시간이 제일 길고, 편집하는 시간이 중간, 녹화하는 시간이 제일 짧아요. 녹화하기 전에는 어떤 연예인을 캐스팅할까, 어떤 주제를 다룰까, 어떻게 구성할까 등등을 결정하기 위해 작가들과 함께 여러 번에 걸쳐서 회의해요. 또 편집하기 전에는 편집을 어떻게 할까 회의하고, 편집한 걸 보면서 또 회의해요. 프로그램에 관한 모든 것이 회의를 통해서 결정된다고 생각하면 돼요.

프로그램이 방송되고 나서는 리뷰(review) 회의를 해요. 프로그램의 시청률은 어땠고, 시청자의 평가는 어땠는지 알아보죠. 그리고 이번 프로그램으로 얼마를 썼고, 얼마를 벌었는지 계산도 하고요. 프로그램을 만들 때는 연출하는 디렉터가 되고 프로그램이 끝나면 프로듀서의 역할을 하는 거죠.

그래서 PD의 하루는 규칙적이지 않아요. 회의만 하는 날, 녹화만 하는 날, 편집만 하는 날이 있어요. 그리고 일하는 시간도 일정하지 않아요. 하루에 8시간 정도 일을 하는데, 아무 때나 자기가 일하고 싶은 시간에 일하면 돼요. 어떤 때는 꼭 필요한 출연자가 녹화할 수 있는 시간이 새벽 3시밖에 안 된다면 그 출연자의 시간에 맞춰서 녹화해요. 그러면 PD와 모든 스탭이 새벽에 나와 일을 하죠. 근무시간은 자유로운 편이지만 책임감이 필요한 일이에요.

녹화하기 전에는 프로그램에 참여하는 모든 스탭이 부지런히 움직이며 준비해요. 출연자들이 화면에 잘 담길 수 있도록 카메라의 위치를 잡고, 음향장비를 점검하고요. 녹화하는 내용을 모니터링할 수 있는 장비도 갖추죠.

4장에서는?

어떤 성격의 사람이 예능PD가 되면 좋을까요? 예능PD가 갖춰야 할 자질은 무엇이고, 또 어떤 방법으로 예능PD가 될 수 있는지 알아보아요.

사람을 좋아하고 만남을 즐긴다면

예능PD가 되고 싶다면 자신의 적성에 맞는지 잘 생각해 보세요. 제가 아는 예능PD는 모두 사람 만나는 걸 좋아해요. 다른 사람들과 소통하는 걸 즐기죠. 또 여러 가지 일에 관심이 많아요. 다른 사람들이 별로 중요하게 생각하지 않는 것도요.

즐겁게 일을 하는 예능PD를 보면 다른 사람을 웃기는 걸 좋아하고, 다른 사람이 웃는 것도 좋아하고, 어떤 환경에 있어도 즐거움을 찾아내는 기발한 재주가 있더라고요. 또 일 벌이는 것도 즐거워하고요.

혹시 PD는 되고 싶은데 혼자 있는 걸 좋아하는 사람이라면 교양PD나 다큐멘터리 PD를 지원하는 게 좋겠어요.

창의력보다 공감 능력이 더 중요해요!

　예능PD의 가장 중요한 능력으로 창의력을 꼽는 사람들이 많아요. 물론 그것도 중요하지만 저는 창의력보다 공감 능력이 더 중요한 것 같아요. 사람들이 어떻게 살아가고 있는지, 어떤 고민을 하고, 어떤 아픔을 느끼는지 알아야 해요. 재미있는 예능 프로그램을 만드는 PD가 왜 그런 걸 알아야 하느냐고요?

　여러분은 혹시 TV를 보다가 배꼽을 잡고 웃은 적이 있나요? '맞아! 저럴 때가 있어!', '어, 나도 그래!'하며 손뼉을 치며 웃은 적은요? 또 겉으로 말할 수 없는 속마음이 자막으로 나올 때는 어땠나요? 너무 웃기지 않았나요? 아마도 여러분은 자신이 알고 있는 장면들을 화면으로 볼 때 저절로 웃음이 나오는 걸 경험했을 거예요.

　예능 프로그램을 오랫동안 만들어 보니 사람들이 가장 잘 웃는 장면은 일상생활에서 볼 수 있고 경험할 수 있는 일들이었어요. 사람들이 어떤 때 잘 웃는지 알려면 그 사람들과 같은 마음을 가지고 있어야 해요. 그게 공감이죠.

   그리고 예능 프로그램이 웃기기만 한 건 아니에요. 감동이 없으면 깊은 재미가 없어요. 그래서 '웃프다'고 표현하는 장면들, 그러니까 '웃긴데 슬픈 장면'도 예능 프로그램에서 볼 수 있어요. 눈물이 나올 만큼 슬프고 어려운 일이 있지만 그걸 웃음으로 표현할 수 있고, 감동적으로 만들 수 있는 게 예능이거든요. 감동적인 장면을 만들 때는 매우 세심하고 따뜻한 마음이 필요해요. 사람들의 아픔과 슬픔이 어디서 오는지, 어떻게 흘러가는지 느낄 수 있어야 상처를 만들지 않고 감동을 줄 수 있지요.

뉴스 시청과 독서를 통해 공감 능력을 높여요

　사람마다 다른 방법이 있겠지만 저 같은 경우에는 뉴스 시청과 독서를 많이 해요. 간접 체험을 많이 하는 게 가장 중요한데, 그게 독서잖아요. 생각을 많이 하는 훈련은 독서가 최고인 것 같아요. 그중에서도 소설을 읽으면 인간이 가지는 다양한 감정에 대해 알 수 있어요. 저도 소설을 읽고 공감 능력이 향상되었다고 생각해요. 사람들이 좋아하는 자막은 특별한 게 아니라 자기의 마음을 알아주는 것이더라고요.

　그리고 세상에 어떤 일들이 일어나는지, 그 일들에 대해 사람들이 어떤 생각을 가지는지 아는 것도 정말 중요해요. 뉴스 시청을 게을리하지 않아야 할 이유죠.

학창시절엔 다양한 경험을

    예능PD 중에는 청소년 시절부터 종교 활동이나 학교 동아리 모임, 봉사 활동 등을 열심히 했던 사람이 많아요. 학교 밴드나 방송반, 흑인 음악 동아리에서 활동한 경우도 있고요. 또 학교 축제나 행사, 청소년 종교 행사 등을 기획한 경험이 있는 예능PD도 많아요.

    저도 대학교 다닐 때 음악 동아리 활동을 열심히 했어요. 제가 <나는 가수다>나 <쎄시봉>, <더 마스터-음악의 공존>을 만들 수 있었던 것도 그런 활동 덕분이에요.

    그리고 예능PD는 세상의 모든 지식을 동원해야 하는 직업이라 학교에서 배우는 모든 과목이 다 쓸모가 있어요. 그중에서 수학을 잘하는 친구들이 프로그램도 잘 만들더라고요. 판단력과 논리력이 있어서 그런가 봐요.

방송사 공채시험에 도전!

　방송사 공채시험은 거의 해마다 있어요. 필기시험, 각종 실기시험 및 논술시험을 보고 마지막에 면접을 보죠. 경쟁률은 200대 1 정도로 높은 편이고요.

　필기시험은 사회 모든 분야의 문제가 나오는 상식 테스트예요. 평소에 늘 신문을 읽고 독서를 많이 한 사람이 유리하죠. 실기시험은 창작 기획안, 아이디어 테스트 등이 있어요. 순발력이 필요하죠. 논술시험은 글솜씨를 보는 시험이라 기획안이나 소설 등의 작품을 써내요. 모든 테스트를 통과하면 마지막으로 임원 및 실무진 면접을 봅니다. 실력도 필요하고 운도 필요한 것 같아요.

외주 프로덕션의 PD가 되는 방법도

우리나라에 100여 개의 외주 프로덕션이 있어요. 거기는 공채시험이 따로 없어요. PD가 되고 싶은 사람은 인턴을 거쳐 PD가 되는 거죠. 하지만 방송국보다는 연봉이 낮고, 일하는 환경이 좋지 않은 경우가 있어서 잘 선택해야겠죠.

요즘엔 유튜브 등에서 1인 미디어로 활동하다가 그 경력으로 방송사에 특채로 들어오기도 해요. 어떤 특별한 성과를 남긴 경우엔 방송사에서 일하는 데 도움이 되니까요.

대학을 안 나와도 예능PD가 될 수 있어요

블라인드 테스트라고 해서 방송사 공채는 학력을 보지 않아요. 누구나 지원해서 필기시험과 실기시험을 통과하고 면접을 봐서 뽑히면 돼요. 아무래도 대학을 나온 사람들이 시험에 익숙해서 유리할 수도 있겠지만 대학 졸업장은 필요하지 않아요. 실제로 방송사에 들어가면 아무도 대학을 나왔냐고, 어느 대학이냐고 묻지 않아요. 오히려 "지금까지 무슨 프로그램을 해 왔어?"라고 묻죠.

요즘엔 개성있는 젊은이들이 예능PD에 도전하고 있어서 대학을 나오지 않은 스타 예능PD도 곧 탄생할 것 같은 예감이 들어요.

MBC <놀러와> 스튜디오 녹화현장 사진이에요

5장에서는?

예능PD가 되어서 좋은 점은 뭐가 있을까요? 늘 즐겁고 나이보다 젊게 산다는 데 그 이유는 뭘까요? 예능PD에게 어떤 매력이 있는지 신정수 PD가 알려주신대요.

프로그램을 통해 사람들과 직접 소통하는 매력

처음 만난 사람과 신나게 얘기해 본 경험이 있나요? 저는 많아요. 그건 제가 만든 프로그램 덕분이에요. 제가 만든 프로그램을 본 사람이라면 누구하고도 대화를 나눌 수 있고 쉽게 친해질 수 있어요. "프로그램 되게 재미있더라"거나 "감동적이었어"와 같이 긍정적인 말도 좋고요, "이런 건 좀 별로더라"는 비판도 좋아요.

또 이 분야를 잘 모르는 사람하고도 프로그램을 만드는 과정을 얘기할 수 있지요. 사실 이건 중요한 거예요. 자동차를 만드는 사람이 자동차를 만드는 과정에서 자신이 무슨 일을 했는지 말해도 듣는 사람은 잘 모르잖아요. 그런데 예능PD는 안 그래요. 누구와도 쉽게 공감할 수 있는 직업이 예능PD인 것 같아요.

젊게, 즐겁게 살 수 있어요

예능PD는 끊임없이 젊은 친구들의 이야기에 귀를 기울여요. 그들의 옷차림, 유행하는 음악, 세상을 바라보는 시선, 노는 문화 등. 하는 일이 이렇다 보니까 제가 친구들보다 더 젊게 사는 것 같아요. 그래서 '꼰대' 같지 않아서 좋다는 이야기도 많이 듣죠. 직업 때문에 '젊은 사람들의 생각이 뭘까?'를 항상 고민하고, 젊은 사람들의 시선으로 세상을 보려고 노력해서 그런가 봐요.

항상 즐겁게 산다는 것도 매력이죠. 재미와 즐거움을 주는 프로그램을 만드니까 '한번 사는 인생, 즐겁게 살아야지!'라는 생각을 많이 하거든요.

🎵 모든 사람을 즐겁게 만드는 보람

<나는 가수다>와 <쎄시봉>을 할 때 부모님이 잘 봤다고 전화를 주셨어요. "내가 볼 수 있는 프로그램을 만들어 줘서 좋다"고 하시더라고요. 그전에 <게릴라 콘서트>라는 프로그램이 인기는 얻었는데 부모님이 보기에는 어려웠다고 해요.

사실 70세가 넘은 분들이 좋아할 만한 프로그램을 만드는 건 쉽지 않아요. 또 어린이부터 노인까지 모든 연령대의 시청자가 볼 수 있는 예능 프로그램을 만드는 것도 어려워요. 그런데 제가 음악으로 그걸 해낸 거예요. 그때 제가 예능PD로서 가장 기뻤고, 큰 보람을 느꼈지요.

좋아하는 것이 일이 되는 기쁨

프로그램의 아이디어를 어디서 얻는지 궁금하다는 질문을 많이 받아요. 특별한 과정은 없어요. 자신의 생활 속에서 발견하기도 하고, 주위 사람들을 관찰하면서 떠올리기도 하죠. 신문과 뉴스를 보면서 사회 문제도 놓치지 않고요.

PD의 좋은 점은 자기가 좋아하는 걸로 프로그램을 만들 수 있다는 거예요. 좋아하니까 누구보다 많이 알고, 어떤 점이 시청자의 마음을 움직일지 느낄 수 있거든요. 또 좋아하는 것으로 프로그램을 만드니까 신나게 일하고요. 그래서 프로그램이 성공할 수 있었던 것 같아요. 여행을 좋아해서 여행하는 프로그램으로 성공한 나영석 PD도 그렇고요.

출연자는 돋보이고 방청객은 즐거운, 그런 무대를 만들기 위해 최선을 다해요.

6장에서는?

예능PD로서 가지고 있어야 할 태도는 무엇일까요? 또 무거운 책임감을 나누는 방법은 무엇일까요? 힘든 일이 닥쳐올 때 스트레스를 푸는 방법도 궁금해요.

겸손한 자세로
다양한 문화를 존중하라

　MBC 입사 초기에 많이 들었던 말은 지식을 나열하는 방송은 망한다는 것이었어요. 예능PD는 대중문화를 만드는 사람인데 대중을 가르치려고 하면 안 된다는 거였죠.

　예능PD가 된 사람들 중에는 연예인을 열정적으로 좋아하는 팬덤 문화를 몰랐던 사람도 많아요. 그런데 팬덤 문화는 세계 어디에나 있는 거거든요. 그걸 이해하지 못하면 예능 프로그램을 만들 수 없게 돼요.

　항상 겸손하게 대중이 만들어가는 문화를 배우는 자세가 필요하죠. 다양한 문화를 존중하는 자세도 중요하고요.

창작의 고통은 동료들과 함께

예능PD는 무언가를 창조하는 사람이에요. 당연히 창작의 고통이 있죠. 그렇지만 그걸 혼자서 짊어지지는 않아요. 이 일은 여러 사람과 함께 하는 공동 작업이에요. 아이디어를 내는 단계에서는 작가들과 함께 고민하고, 고민의 결과를 가지고 선배들이나 상사들과 끊임없이 얘기해요. 방송사는 예능PD가 가지는 창작의 고통을 덜어주는 장치를 가지고 있어요.

물론 프로그램에 들어가기 전에 느끼는 부담이나, 아이디어가 떠오르지 않을 때 괴로움은 혼자서 감당해야죠. 그게 두렵고 싫으면 예능PD를 못 해요. 프로그램이 성공했을 때의 기쁨은 그런 고통을 날려버릴 만큼 크답니다.

하나의 프로그램이 나오기까지 모두 함께 모여서 회의하고, 또 팀별로 회의해요. 창작의 고통은 나누고 성공의 기쁨은 더하는 공동 작업이죠.

'웃겨야 산다'는 직업병

예능 프로그램은 무조건 웃겨야 한다고 생각해요. 2초 이상 화면에서 아무 일도 일어나지 않으면 지루해져요. 그럴 때는 자막이나 효과음이라도 넣어야 하고요. 옆에서 보면 지나치게 웃음에 집착하는 걸로 보일 거예요. 이게 제 직업병이죠.

또 젊게 살려고 젊은 사람들 사이에서 유행하는 것들을 일부러 공부하고 따라 해요. 젊은 사람들의 커뮤니티에 들어가서 줄임말이나 이모티콘도 공부하죠. 이것도 직업병인 것 같아요.^^

쉴 때는 잠도 자고 음악도 듣고

스트레스가 많이 쌓였을 때 저는 잠을 많이 자요. 음악도 많이 듣고요. LP 음악이 나오는 카페에 가서 음악을 크게 들으면 기분이 좋아져요. 스포츠 경기를 보는 것도 스트레스 해소에 좋고요.

사람에 따라 스트레스를 해소하는 방법이 다른 것 같아요. 어떤 사람은 게임을 많이 하죠. 특히 젊은 사람들이 게임을 좋아하더라고요. 등산을 다니거나 캠핑을 다니는 친구들도 있어요.

각자 자기에게 맞는 스트레스 해소 방법을 찾는 게 중요한 것 같아요.

7장에서는?

우리나라 예능 프로그램이 어느 나라 것보다 재미있다는 걸 알고 있나요? 그래서 예능 PD도 할 일이 아주 많다는군요. 어떤 일들이 미래에 벌어질지 살짝 엿보기로 해요.

우리나라 예능이 세계에서 제일 재밌어요!

　제가 세계 여러 나라의 예능 프로그램을 많이 보는데, 객관적으로 한국 예능이 제일 재밌어요. 미국 예능은 일반인들이 나와서 아주 큰 돈을 걸고 다양한 미션을 벌이는 것으로 시청자에게 큰 긴장감을 줘요. 자막도 별로 안 쓰고 품격있게 퀴즈 프로그램을 진행하죠.

　반면에 한국 예능은 연예인들이 나와요. 일반인이 출연하는 것보다 끼가 많은 연예인이 나와 열심히 활약하는 게 더 재미있어요. 자막도 자유롭게 쓰면서 시청자의 관심을 끌고 웃음을 주고요. 미국이나 유럽의 예능에 연예인이 안 나오는 건 출연료가 높기 때문이에요. 우리나라는 인구에 비해 연예인도 많고 예능 프로그램도 많은 편이라 연예인들이 예능에 참여하는 것을 꺼리지 않아요.

해외에 수출하는 예능 프로그램

 현재 예능 프로그램이 가장 발전한 곳이 우리나라예요. 전 세계에서 방송 전문가들이 우리나라를 찾아와서 예능 프로그램이 만들어지는 과정이나 시청자의 반응을 공부하고 가요.

 요즘엔 프로그램 포맷(형식)을 사 가는 나라도 많아졌어요. 처음 외국에 팔린 포맷이 MBC에서 만들었던 <우리 결혼했어요>라는 프로그램이에요. 프로그램의 형식을 그대로 따서 그 나라 연예인이 출연하는 거였죠. 대만판, 일본판, 중국판까지 각 나라에서 엄청난 인기를 끌었어요.

 우리나라 예능 프로그램을 가장 많이 사는 나라는 중국이에요. 제가 만든 <나는 가수다>가 중국에서 가장 먼저 대성공을 거뒀고요, <아빠! 어디가?>, <런닝맨>, <우리 결혼했어요>, <정글의 법칙>, <프로듀서 101>, <쇼미더머니>도 성공했죠.

이처럼 우리나라 예능 프로그램이 인기있는 이유 중 하나는 온 가족이 볼 수 있기 때문이에요. 어린이부터 노인에 이르기까지 모든 연령대가 모여서 볼 수 있을 정도로 건전하고 아이디어도 아주 기발하거든요.

그리고 우리나라 예능 프로그램에는 가식이 별로 없어요. 출연한 연예인들이 최선을 다해서 열심히 뛰어다니고, 주어진 미션을 성실하게 하니까요. 연예인들이 이렇게 예능 프로그램에 진심으로 대하는 건 우리나라가 최고일 거예요.

M.net <퀸덤> 세트장 로고

스타 PD의 시대

요즘엔 PD의 이름을 보고 프로그램을 시청하는 경우가 많아요. 좋아하는 선수가 나오는 경기를 보고, 좋아하는 배우가 나오는 드라마를 보는 것처럼 예능도 좋아하는 PD를 따라 시청하더라고요. 이제 예능도 스타 PD의 시대가 온 거죠.

대표적으로 나영석 PD가 그런 경우에요. 나영석 PD는 후배들과 함께 여러 프로그램을 재미있게 만들어요. '나영석 사단'이라고 부르는 PD들이 서로 아이디어를 공유하고 협력한다고 해요. 좋은 현상인 것 같아요.

예능PD도 해외로

중국이나 동남아시아 국가들에서 우리나라 예능PD를 많이 찾고 있어요. 우리나라는 한 명의 PD가 프로그램 전체를 꿰뚫고 있어서 수준 높은 프로그램을 만들어내니까 그런 것 같아요.

아직 중국과 한국이 외교 문제가 풀리지 않아서 우리나라 방송 인력이 활발하게 진출하지 못하고 있지만 시간이 지나면 더 많은 사람들이 중국에 가서 일할 것 같아요. 중국 말고도 인도네시아와 베트남도 이미 한국인 PD가 활동하고 있어요.

다른 나라에서 일할 때는 언어문제도 있지만 예능 프로그램을 제작하는 환경이 달라서 어려움이 있어요. 서로의 문화를 잘 이해하면 이것도 문제가 되지는 않을 거예요.

8장에서는?

어려서부터 음악을 좋아한 신정수 PD는 어떻게 예능 프로그램을 만드는 사람이 되었을까요? 지금까지 만든 프로그램들이 모두 성공했을까요? 사람들을 웃기는 게 좋고, 젊고 재미있게 사는 게 좋다는 신정수 PD의 이야기를 들어보아요.

13년 개근, 12년 반장!

초등학교 때부터 고등학교 때까지 반장을 했어요. 반장을 하다 보니 모든 친구와 잘 지낼 수 있는 방법을 고민했죠. 그리고 독실한 기독교 신자여서 교회를 열심히 다녔고요. 학생회 활동, 교회 활동 등 모든 것에 적극적인 학생이었죠. 그리고 유치원부터 고3까지 13년 동안 하루도 결석하지 않았어요. 그게 저의 가장 큰 자부심이에요.

초등학교 시절에는 책이 귀해서 그랬던지 한국 위인전 30권을 5번씩 읽었어요. 어른이 되고서 제가 위인이라고 알던 사람들의 참모습을 알고 나서 실망했던 기억도 나네요. 가장 좋았던 책은 고등학교 시절에 읽은 『어느 청년 노동자의 죽음(전태일 평전)』이었어요. 그 책을 읽고 나서 '세상은 모두 함께 더불어 살아가야 한다'는 생각을 정말 많이 했죠.

'걸어 다니는 음악 백과사전'
신정수

　초등학교 5학년 때부터 팝송을 좋아했어요. 형들과 라디오를 같이 듣다가 김기덕 DJ가 진행하던 <두시의 데이트>를 알게 되었어요. 그때부터 라디오 키즈가 되었죠. 지금과 달리 그 시대는 각종 음악이나 정보를 라디오로 접했어요.

　중학교 시절엔 친구들과 누가 더 팝송을 많이 아는지 대결도 했어요. 노래 가사와 멜로디는 물론이고 기타리스트도 다 외웠어요. 팝송에 대한 모든 지식은 하나도 놓치지 않고 머릿속에 넣고 다녔죠. 그런데 1985년 들국화 음악을 알게 되면서 팝송보다는 한국 대중음악을 더 좋아하게 되었어요. 1960-70년대 음악도 전부 찾아서 들을 만큼 흠뻑 빠졌죠.

　한 번 들은 음악은 모두 기억했어요. 음악 프로그램의 DJ 못지않게 모든 음악을 꿰고 있으니까 친구들이 대중음악에 대한 건 모두 저한테 물어봤어요. 그게 신나서 음악을 더 열심히 들었고요. 덕분에 '걸어 다니는 음악 백과사전'이라는 별명을 얻었죠.

음악은 좋아하지만 노래는 잘 못 불렀어요. 그래도 친구들이나 선생님이 노래를 시키면 신나게 불렀죠. 물론 영어에 자신이 없어서 팝송을 부르진 못했지만요.

MBC <나는 가수다> 음악 연습하는 스튜디오 모습

때마다 달랐던 장래 희망

초등학교 저학년 때는 대통령, 4학년부터는 과학자, 중학교 때는 교수로 바뀌었어요.

대학에 입학해서는 판사가 되고 싶었어요. 친한 선배가 민주화 운동을 하다 감옥에 갔는데 그게 너무 억울한 거예요. '내가 판사가 되면 이런 잘못된 일을 고칠 수 있겠구나'라고 생각했죠. 그러다가 책을 워낙 좋아하니 '내 평생에 책 한 권 남기고 싶다'는 생각에 작가를 꿈꿨고요.

대학교 4학년이 되었을 때 선배들과 기자 시험을 준비하는 스터디그룹에 참여했죠. 기자보다는 PD가 낫겠다 싶어서 방송국에 지원했는데 덜컥 시험에 붙어서 PD가 되었네요.

예능감 넘치는 대학생 신정수의 마지막 장래희망은 방송국 PD! 마침내 멋진 예능PD가 되는 꿈을 이루었네요^^

AD 시절 첫 사계절은 너무 힘들었어요

　합격의 기쁨도 잠시, 방송국 안은 상상했던 것과 완전히 다른 세상이었어요. 처음이라 선배들이 쓰는 단어도 잘 모르고 모든 게 낯설기만 한데 가르쳐주는 사람이 없는 거예요. 편집기 사용법도 안 가르쳐주고 편집하라길래 지나가는 사람을 붙잡고 물어봤죠. 동기들끼리 서로 가르쳐 주기도 하고요.

　1분짜리 편집을 10시간 걸려서 했는데 다시 하래요. 어디를 어떻게 고치라는 말도 없이 다시 하라니 너무 힘들었어요. 또 영상을 편집하고 자막을 쓰고 예고편을 만들어서 선배에게 보여주면 아무런 대꾸가 없는 거예요. 잘했다거나 못했다는 말도 없으니 제가 재능이 있는지 없는지 알 수 없어서 답답했어요. 이 일을 계속해야 할지 말아야 할지도 고민이었고요.

　그런데 1년이 지났을 즈음 어떤 선배가 제가 촬영하고 편집한 짤막한 영상을 보고 "어? 잘 찍었네!"라고 한마디 해 주었어요. 그 말을 듣고 자심감이 생겨서 제가 하고 싶은 대로 편집도 해 보고 자막도 써 보았어요. 그러다 뭘 하나 만들었는데 선배들한테 칭찬을 듣고서 깨달았죠. '아, 프로그램을 만들면 이런 재미가 있구나'하고요.

그 고비를 넘기니까 방송이 너무 재미있더라고요. 제가 만드는 결과물에 사람들이 반응하는 게 좋았죠. 1년은 육체적으로 힘들었지만 나머지 22년은 하루하루가 즐거웠어요. 프로그램을 만들었던 모든 순간과 제가 만든 프로그램을 본 사람들의 반응이 다 기억나요. 이렇게 좋은 직업이 또 있을까 싶어요.

성공도 하고 실패도 하며 성장했죠

　AD 시절이었어요. <박상원의 아름다운 TV, 얼굴>이라는 프로그램에 <스타 모놀로그>라는 인터뷰 영상을 맡았었죠. 그전까지는 스타를 인터뷰할 때 카메라 한 대를 고정해 놓고 찍었어요. 좀 지루한 느낌이라 저는 카메라 두 대로 움직임을 주면서 여러 각도에서 찍었어요. 그러니까 인터뷰하는 사람의 다양한 표정과 몸짓이 예쁘게 담기더라고요. 선배가 보더니 "야, 이거 새롭다. 앞으로 모든 프로그램의 인터뷰가 다 이렇게 바뀔 거야."라고 했어요. 설마 그럴까 했는데 한 달이 지나니까 진짜 모든 인터뷰 영상이 제가 만든 방식으로 바뀌었더라고요. 제가 유행을 만들어냈다는 사실에 정말 기뻤죠.

　성공 다음엔 실패도 있죠. 2003년에 <17대 1>이라는 프로그램을 만들었어요. 남자들이 싸울 때 "내가 17대 1로 싸워 봤잖아!"라는 허세를 컨셉으로 잡았죠. 여자 연예인 한 명이 나와서 남자 연예인 다섯 명과 하는 토크쇼를 기획했어요. 그런데 녹화를 하다 보니 프로그램이 생각한 방향으로 가지 않는 거예요. 첫 방송이 나가자마자 비판의 목소리가 높아서 바로 폐지됐어요. 지금 돌아보니 욕심이 앞섰던 것 같아요.

제가 만든 모든 프로그램이 성공하면 좋겠지만 현실은 그렇지 않아요. 그래도 괜찮아요. 실패한 프로그램도 제가 성장하는 데 도움이 되었으니까요.

중국에서 만든 예능 프로그램

MBC에서 20년 동안 일하고 나와 중국에서 1년 정도 일했어요. 북경위성(BTV)에서 <용감적심(勇敢的心)>이라고, 우리말로 하면 <한다면 한다>라는 프로그램을 만들었죠. 일하는 중에 한국에서 사드를 배치하자 중국과 한국 사이에 외교 문제가 생겼어요. 그 바람에 한국 사람은 다 돌아가라는 분위기가 만들어져서 고생을 좀 했어요.

중국에서 일할 때 통역이 있어서 언어의 차이는 별문제가 되지 않았는데 문화의 차이는 많이 느꼈어요. 일하는 환경이 우리나라와 달라서 그랬던 것 같아요.

멋진 음악 프로그램을 만드는 꿈을 꾸어요

　MBC에서 <나는 가수다>나 <박상원의 아름다운 TV, 얼굴>, <게릴라 콘서트> 할 때 그런 생각을 했어요. 제가 만든 작품이 잘 돼서 나중에 두고두고 사람들이 찾아보는 자료화면으로 쓰이면 좋겠다고요. 그 꿈은 이미 이루어졌어요.

　그래서 지금 M.net에서 일하는 저는 다른 꿈을 꾸어요. 우리나라 대중음악의 발전을 위한 프로그램, 사람들에게 행복을 선물하는 음악 프로그램을 만드는 거죠. 정말 멋진 음악 프로그램을 만들어서 방송 역사에 남기고 싶어요.

　그렇게 죽을 때까지 PD로 일하면서 재미있는 예능 프로그램을 만드는 게 꿈이랍니다.

9장에서는?

앞에서 하지 못한 이야기, 궁금한 이야기를 10개의 질문으로 모아보았어요. 예능PD들은 실제로 정말 재미있는 사람들인지, 연예인과 친하면 프로그램을 만들 때 도움이 되는지도 알려주신대요.

시트콤은 예능인가요, 드라마인가요?

QUESTION 01

    드라마와 예능의 중간 성격이에요. 시트콤을 연출하는 PD를 보면 드라마PD가 하는 경우가 3분의 1, 예능PD가 하는 경우가 3분의 2 정도 돼요. 우리나라 시트콤은 20분에서 30분 정도로 짧고 코미디 요소가 워낙 강해서 예능에 속하는 것 같아요. 빠르게 진행되면서 웃음을 주는 건 예능이니까 방송국에서도 예능PD에게 시트콤을 맡기는 일이 더 많고요.

    <안녕, 프란체스카>도 예능PD 작품이고, <거침없이 하이킥>의 김병욱 PD도 예능 출신이에요.

PD가 주인공인 드라마나 영화를 추천한다면?

QUESTION 02

    2015년에 KBS에서 방송했던 <프로듀사>라는 드라마가 있어요. 김수현, 차태현, 아이유, 공효진 등이 나왔는데 실제로 <1박 2일>이라는 프로그램을 만드는 걸 소재로 했어요. 예능PD의 모습을 가장 현실에 가깝게 보여준 드라마였어요.

    예능PD는 아니지만 시사 교양 PD가 하는 일을 알 수 있는 <제보자>라는 영화도 있어요. 실제로 2005년에 있었던 '황우석 사건'을 다루었던 MBC <PD수첩> 팀의 이야기예요. 두 작품 모두 방송 PD라는 직업의 세계를 잘 보여주었죠.

예능PD가 모이면 재미있나요?

QUESTION 03

재미있게 사는 걸 좋아하는 사람들이 모이면 굉장히 웃기죠. 진지한 걸 좋아하지 않고 점잔을 빼는 사람들이 아니라 심심한 걸 못 참아요. 그래서 늘 세상을 긍정적으로 보고 재미있게 살죠.

그리고 대부분의 예능PD는 음악, 만화, 영화, 책 중에서 하나는 무조건 좋아하는 것 같아요. 이런 걸 좋아해서 예능PD가 된 건지, 예능PD여서 좋아하게 된 건지 알 수는 없지만 서로 만나면 재미있는 이야기가 많은 건 사실이에요.

저는 주로 음악을 좋아하는 PD랑 자주 만나서 신나게 음악 얘기를 하죠.

PD의 남녀 성비는 어떤가요?

　제가 속한 CJ의 tvN, M.net은 여자 PD가 더 많아요. M.net은 여자와 남자가 6:4 정도 되는 것 같아요. 공중파 방송사도 점점 여자 PD가 더 많아지는 추세고요.

　2000년대 초반까지만 해도 남자 PD가 훨씬 많았어요. 그런데 2000년대 중반부터 여자들이 더 많이 입사해요. 여자들의 시험 성적이 더 좋아서 그런 것 같아요. 그리고 방송사 복지 제도가 완벽해요. 1년 유급 휴가, 출산 휴가, 정년 보장 등이 잘 되어 있고 남녀 차별도 거의 없어요.

AD 연봉은 얼마나 되나요?

처음엔 3천 5백만 원 정도 돼요. 보너스와 시간 외 수당을 합하면 4천만 원이 넘으니까 대기업 초봉보다 조금 많을 거예요. 참고로 AD 시절에 가장 많은 돈을 저축할 수 있어요. 돈 쓸 시간이 없어서 계속 저축만 하거든요. ^^ 저도 그랬어요.

연예인과 친하면 프로그램에 도움이 되나요?

리쌍의 길과 DJ DOC의 이하늘이랑 친하게 지낼 때 이 두 사람을 <놀러와>에 캐스팅했어요. 제가 두 사람의 장점과 단점을 잘 아니까 그걸 활용해서 독특한 재미를 만들 수 있었어요. 덕분에 프로그램을 만들 때도 즐겁게 일했죠.

그런데 연예인과 가까워져서 좋지 않은 점도 있어요. 겉모습과 다른 이중적인 면을 발견하고 실망할 때가 있죠. 얼굴이 알려진 연예인 중에는 보이는 것보다 성숙하지 못한 사람도 있으니까요.

신정수 PD가 좋아하는 예능 프로그램은?

2000년대 방송된 <느낌표>라는 프로그램을 좋아해요. 이 책을 읽는 어린이들이 태어나기 전에 방송된 거라 모를 수도 있겠어요. <느낌표>는 그냥 눈으로 보는 프로그램이 아니라 사람들에게 어떤 행동을 하게 만드는 예능 프로그램이었어요. 이런 걸 사회에 이익이 되는 공익 예능 프로그램이라고 하는데요. <느낌표>는 교훈적인 내용을 어렵지 않게, 감동과 웃음으로 전달한 예능이었어요.

<책책책 책을 읽읍시다!>라는 코너는 독서열풍을 일으켰고요, 도서관이 부족한 곳에 기적의 도서관을 설립했어요. 또 <하자하자>라는 코너는 아침밥도 못 먹고 0교시 자율학습을 위해 등교하는 고등학생들에게 식사를 제공했어요. 이 프로그램으로 0교시가 없어졌죠. 학교에 다니지 않는다고 학생 할인을 받지 못하는 청소년도 할인을 받을 수 있도록 하기도 했고요.

<눈을 떠요!>에서는 23명의 시각 장애인이 각막 이식 수술을 받을 수 있도록 도와주었어요. 이 프로그램이 방송된 후에 사람들이 각막을 비롯해 다른 장기도 기증하겠다는 서약을 많이 하게 되었어요.

전 세계에서 이런 공익 예능 프로그램을 만들어서 성공시킨 건 김영희 PD밖에 없어요. 예능의 역사에 남은 분이죠.

1인 미디어 활동이 PD가 되는 데 도움이 되나요?

　미디어는 만드는 사람이 무엇인가를 드러내서 대중에게 보여주는 거예요. 무엇을 만들어서 어떻게 보여줄 것인가를 생각하는 과정이 참 중요하죠. 또 만든 것을 가지고 대중과 소통한 경험도 중요하고요. 1인 미디어 활동을 통해서 자기가 생각한 것을 영상으로 드러내 대중과 소통해 보았다면 나중에 PD가 되었을 때 큰 도움이 될 거예요.

　1인 미디어는 자기가 하고 싶은 것만 해도 되는 장점이 있어요. 반면에 방송사 예능PD는 사회에 도움이 되는 프로그램을 만들어야 한다는 책임감이 따라요. 그런 책임감이 싫으면 1인 미디어나 독립 PD를 하면 되고요.

예능PD가 다른 일도 할 수 있나요?

 예능PD는 만능이라는 말이 있어요. 예능PD 하다가 드라마나 다큐멘터리로 옮겨가는 사람들도 많아요. 뉴스를 새롭게 만들고 싶다며 뉴스로 가는 사람들도 있고요.

 방송사 안에서 이렇게 이동하기도 하고 아예 다른 일을 할 수도 있어요. 대기업에서 광고나 마케팅을 위해 예능PD를 채용하고요, 선거철엔 예능PD에게 정당과 후보의 이미지를 만들어달라고 맡기기도 하지요.

 요즘엔 넷플릭스나 인터넷 관련 매체에서도 예능PD를 찾아요. 관심만 있다면 할 수 있는 일이 참 많아요.

과학기술의 발전이 예능 프로그램에도 도움이 되나요?

QUESTION 10

방송 기술은 과학기술의 영향을 많이 받아요. 예능 프로그램도 마찬가지예요.

방송 자막만 해도 그래요. 여러분은 태어날 때부터 자막이 있는 방송을 보았겠지만 자막 기계가 만들진 건 1990년대 후반이었어요. 자막은 예능의 재미를 크게 늘리는 역할을 했지요. 또 편집 기술이 발달하면서 화려한 장면도 가능해졌고요.

그런데 방송에서 쓸 수 없는 기술도 있어요. 3D 체험은 하는 사람은 재미있지만 보는 사람은 재미없어서 방송에 쓰이진 않아요. 보는 사람이 재미를 느낀다면 뽕망치 대결처럼 오래된 게임도 괜찮으니까요.

주제가 있는 토크쇼의 시작, <놀러와>

2008년부터 2012년까지 4년 정도 <놀러와> 프로그램을 연출했어요. 상을 많이 받았죠.

제가 새롭게 시도한 건 기획 섭외라고 하는 건데요, 주제별로 연예인을 섭외해요. 예를 들어 '오늘은 A형 특집!'이라면 A형 혈액형을 가진 연예인만 모아서 특집을 해요. 지금은 모든 토크쇼에서 그렇게 하지만 사실 그걸 처음으로 시도한 것도, 성공한 것도 저였어요.

<놀러와> 신정수 PD는 한 전문지와의 인터뷰에서 "토크쇼는 인생을 듣는 것"이라고 정의하기도 했습니다. 그러한 의도에 걸맞게 <놀러와>는 최근 윤제문, 손병호, 김병옥 등 악역 전문 배우, 차화연, 금보라, 김진아 등 한 시대를 풍미했던 여배우, 나문희, 김영옥 등 작품으로만 만나던 노배우 들을 연이어 초대하고 있죠. 또 게스트로 나온 소녀시대에게 '효'를 주제로 한 이야기들을 끌어낼 정도로 폭넓은 공감대를 형성하는 방송으로 진화하고 있습니다. 한때 배우들의 홍보의 장으로 활용되거나 흥미위주의 이야기로 점철됐던 것과 비교한다면, 300회를 넘긴 <놀러와>는 토크쇼와 예능의 새로운 지평을 열어가고 있다는 평가를 받기에 충분해 보입니다.

-<오마이뉴스, 2011년 2월 1일자 기사>

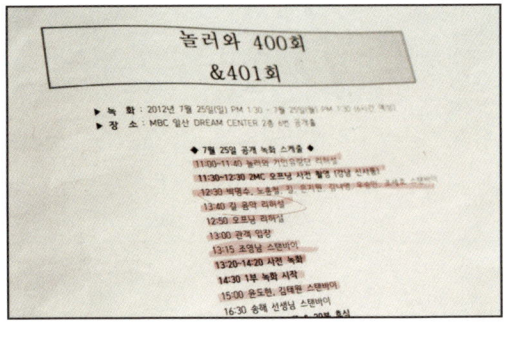

실력파 가수들에게 경연을 시킨, <나는 가수다>

MBC <나는 가수다>는 김영희 PD가 만들었는데 사정이 있어서 중간에 빠지게 됐어요. 그래서 제가 1년 정도 이어받아서 했어요. 제일 좋았던 건 임재범, 이소라 등 TV에 잘 안 나오는 실력파 가수들의 노래를 TV 화면으로 생생하게 본다는 것이었어요. 또 정지찬 음악 감독이 최고의 음향을 만들었던 것도 빠질 수 없죠.

<나는 가수다> 전에는 온 가족이 모여서 볼 수 있는 음악 프로그램이 없었어요. 실력파 가수들도 긴장할 수 있는 프로그램을 한다는 발상도 신선했고, MBC 기술진과 음향팀의 실력까지 더해진 프로그램이었어요. <나는 가수다>는 중국에 수출돼서 정말 대단한 인기를 얻었죠.

음악 프로그램의 새로운 기원을 열었다는 자부심이 있어요.

신정수 PD 체제 하에 MBC <우리들의 일밤-나는 가수다(이하 나는 가수다)>가 1일 첫 방송됐다.

이날 방송에서 <나는 가수다>에 새롭게 합류한 김연우, 임재범, BMK의 모습이 첫 공개됐으며 이들을 포함한 7인의 공연은 시청자들을 감동으로 매료시키며 성공적인 재개를 예감케 했다. 한 시청자는 "지금도 가수들의 울림이 가슴에 머물고 있다. 최고다. 이 이상으로 표현하기 힘들다"며 극찬했다. 또 다른 시청자는 "한 달간의 공백, 그리고 다시 시작. 예전만큼 큰 호응을 얻을 수 있을지 의문이었지만 이제 우리 가족은 일요일 저녁을 기다리게 됐다"며 어떤 무대로 감동을 안길지 기대감을 나타냈다.

-<이데일리, 2011년 5월 1일자 기사>

<나는 가수다> 음악 연습하는 스튜디오 모습

모든 음악의 공존을 꿈꾸었던, <더 마스터-음악의 공존>

어느 날 전주의 한 음식점에 갔다가 재미있는 걸 보게 되었어요. 어떤 사람이 갑자기 일어나 판소리를 하니까 어디선가 다른 사람이 답가를 하는 거예요. 태어나서 처음 보는 모습이라 신기하기도 했고 가까이서 듣는 판소리도 너무 좋았어요. 그래서 국악이나 클래식 같은 비인기 음악을 다 함께 무대에 세우고 싶은 마음이 생겼죠.

그런데 반대가 많았어요. 국악이나 클래식을 시청자가 좋아할 것 같지 않았거든요. 그래서 제가 대한민국에서 유일한 음악 방송인 M.net이 아니면 이걸 어디서 할 수 있겠냐고 설득했어요. 음악의 진정성을 보여주는 프로그램을 만들어 보자고요. 비록 시청률은 좀 아쉬웠지만 TV 프로그램에서는 좀처럼 볼 수 없는 품격 높은 음악 방송이었다는 평가를 받았죠.

이제 새로운 음악 예능이 있을까 싶었지만 역시 음악의 세계는 넓고도 깊다.

각 음악 분야의 대가를 한데 모아놓은 엠넷 '더 마스터-음악의 공존'(이하 '더 마스터')이 음악 예능의 새로운 지평을 넓혔다는 평가를 받는다.

'더 마스터'에는 매주 6명의 '마스터'가 출연한다. 이들은 각각 대중가요, 클래식, 국악, 재즈, 뮤지컬, 밴드 음악을 대표한다. 우승 개념의 '그랜드 마스터'라는 시스템은 있지만, 순위제는 없다.

이러한 장치 덕분에 '더 마스터'의 다양성은 더 빛을 발한다. 20년 이상 내공을 쌓은 사람의 무대 하나를 보는 것도 귀한 경험인데 6가지를 동시에, 그것도 안방에서 만날 수 있는 것은 '선물'이 아닐 수 없다.

<연합뉴스, 2017년 12월 3일자 기사>

예능 프로그램 제작 과정

60분 동안 방송되는 한 편의 예능 프로그램이 나오기까지 여러 과정이 필요해요. 야외 촬영물인가 스튜디오 구성물인가에 따라 준비할 것도 다르죠. 또 방송 전뿐만 아니라 방송 후에 해야 할 일도 있어요. 이 모든 과정을 꿰뚫고 있는 신정수 PD를 따라 예능 프로그램 제작 과정을 알아보기로 해요.

01. 기획

모든 프로그램은 기획을 통해 만들어져요. 기획이 프로그램의 첫 출발이며 가장 중요한 과정이에요. 기획할 때는 여러 가지를 살펴봐야 해요.

- 연출자인 나는 무슨 프로그램을 만들고 싶은가?
- 요즘 사람들의 관심이 어떤 방향으로 흐르고 있는가?
- 해외에는 어떤 형태의 프로그램들이 있는가?
- 나에게 주어진 방송 편성 시간은 어느 요일의 어느 시간대인가?
  예) 일요일 오후 6시 편성, 일요일 밤 11시 편성 프로그램은 다르다.
- 이 프로그램을 만들 때 쓸 수 있는 예산은 얼마인가?

이런 것들을 다 생각해서 어떤 프로그램을 만들지 결정해요.

02. 캐스팅

캐스팅은 프로그램에 필요한 사람들과 계약을 하는 일이에요. PD는 프로그램을 만들 스탭과 출연자를 선택할 권한을 가지고 있어요. 단, 주어진 예산 안에서 해야 해요.

#출연자 캐스팅

연예인 캐스팅 - 프로그램의 성격에 맞는 연예인을 캐스팅해요. 연예인은 출연료가 높기도 하고 스케줄이 많아서 시간을 맞추기 어렵지만 프로그램의 성공을 위해서 꼭 필요해요.

MC 캐스팅 - 프로그램에 따라 MC가 필요한 경우는 연예인을 캐스팅해요. 내레이션을 담당할 성우도 프로그램 성격에 맞게 캐스팅하고요.

일반인 캐스팅 - 최근에 일반인이 출연하는 프로그램이 늘고 있어요. 일반인은 알려진 정보가 거의 없어서 인터넷이나 모바일을 통해 신청을 받아 캐스팅하는 경우가 많아요.

#스탭 캐스팅

프로그램 성격에 따라 스탭의 구성이 조금씩 달라지지만 프로그램을 만들 때 꼭 필요한 스탭은 아래와 같아요.

작가 – 프로그램 연출진으로 PD와 함께 아이디어를 내고 대본을 써요

카메라맨 – 스튜디오 카메라와 ENG 카메라(야외 카메라)를 담당해요

음악/효과 – 편집할 때 효과음과 배경음악을 선곡해요

동시 녹음 – 녹화 현장에서 소리를 녹음해요

조명 감독 – 스튜디오 조명과 야외 조명이 따로 있어요

미술 감독 – 스튜디오 세트를 디자인하고 만들어요

특수 효과(컴퓨터 그래픽 등) - 자막, 컴퓨터 그래픽, 야외 녹화 시 특수효과를 담당해요

03. 사전 답사 및 무대 구성

예능 프로그램은 크게 야외 촬영물과 스튜디오 구성물로 나뉘어요. 어디서 촬영하는가에 따라 준비할 것이 달라지죠.

#야외 촬영물

KBS <1박 2일>, MBC <무한도전>, JTBC <한 끼 줍쇼>처럼 바깥에서 촬영이 이루어지는 것을 말해요. 방송가에서는 ENG 구성물이라고도 하지요. 야외 촬영은 본 녹화에 앞서 연출진(PD와 작가)과 촬영 스탭(카메라와 조명 등)이 사전 답사를 가서 촬영 현장이 어떤 조건인지 알아 와요. 그 결과에 따라 대본을 수정하기도 하죠.

우리나라는 시민들이 TV에 관대한 편이어서 ENG 촬영이 어렵지 않아요. 그런데 출연자들 말고 카메라에 찍힌 일반인들에게 허가를 받지 못하면 방송에 내보낼 수 없어요. 초상권이 침해되니까 모자이크 처리를 해서 내보내죠. 외국의 경우는 훨씬 더 까다로워요. 시민들의 통행에 불편을 주기 때문에 미리 촬영 허가를 받지 못하면 할 수가 없어요.

#스튜디오 구성물
방송사가 소유한 스튜디오 안에서 녹화하는 프로그램을 말해요. M.net의 <너의 목소리가 보여>, MBC <나는 가수다>, <복면가왕> 등이 대표적이에요. 이 경우 세트 디자인부터 조명까지 무대를 미리 만들어 놓고 녹화를 하죠.

04. 녹화

녹화 전 할 일: 연출진(PD+작가)과 출연자들이 회의를 거친 후 대본을 쓰고, 예행연습을 해요.

#스튜디오 녹화

스튜디오 녹화는 미리 마련된 세트장에서 출연진이 대본에 따라 순서대로 프로그램을 진행하는 것을 카메라에 담아요. 방영되는 시간보다 오랜 시간 녹화를 해요.

#야외 녹화

야외 녹화의 경우 정해진 장소에서 연예인 또는 일반인으로 이루어진 출연자들이 나와 PD의 통제 하에 녹화를 해요. 녹화 전에 출연자들과 스탭들은 대본을 충분히 익혀와야 하고요. 요즘 예능 프로그램에서 중요해진 것 중 하나가 '의외성', '돌발성'이라고 하는 건데요. <무한도전>과 같은 리얼 버라이어티 프로그램을 보면 출연자들에게 어떤 상황과 환경만 만들어 주고 대사나 행동은 출연자에게 맡겨요. 대본에는 해야 할 일과 가야 할 장소 정도밖에 없는 거죠. 이럴 때 출연자들이 하는 행동이나 대사가 훨씬 사실적이고 재미있어요. 또 녹화하는 중에 갑자기 폭우가 내리거나 교통이 꽉 막혀서 약속 장소에 늦게 가는 일이 생겨요. 그러면 오히려 생생한 긴장감이 있어서 시청자들이 더 생생한 재미를 느끼더라고요. 그래서 요즘엔 대본대로 녹화된 것을 실패했다고도 해요.

#생방송

실시간 방송이 필요한 쇼 프로그램과 오디션 프로그램을 생방송으로 하는 경우가 많아요. 생방송의 경우 돌발 상황이 생기면 곤란하니까 사전에 철저하게 준비하죠. 그래서 녹화 전에 할 일이 많아요.

05. 편집

녹화된 내용에서 재미있는 부분만 골라서 자막도 넣고 알맞은 음악도 넣는 작업이에요. 요즘엔 편집 작업이 중요해졌어요. 촬영 원본을 보면 그다지 재미있는 부분이 아니라도 편집을 통해 아주 재밌는 상황으로 만들어지는 경우가 많거든요. 그건 리액션(reaction) 장면 때문이에요. 녹화할 때는 말하는 사람에게 집중해서 다른 사람의 표정을 보기 어려워요. 그걸 편집할 때 보게 되는데 출연자들의 당황스러운 표정이나 엉뚱한 표정에 자막이나 음악을 넣으면 재미있어져요.

방송 분량은 60분이지만 그 분량의 편집을 위해 3~4명의 PD가 3~4일 매달려서 일해요. PD들의 편집능력 덕분에 한국 예능 프로그램이 더 재미있어진 거예요.

06. 심의

방송법에 따라 모든 방송물은 사전 심의를 받아야 해요. 이에 따라 시청 등급(12세, 15세, 전 연령 등급 등)이 정해져요.

단 생방송의 경우 사전 심의가 불가능해서 미리 대본을 제출하는 것으로 심의를 대신해요.

tvN 시청률표 샘플

방송시간	tvN	20-49		가구	
		시청률	점유율	시청률	점유율
00:51-02:07	휴게소에서만나는인연자리있나요	0.28 *	3. *	0.92 *	4. *
02:24-03:27	월화드라마(크로스)	0.29 *	6. *	0.37 *	3. *
03:37-04:39	월화드라마(크로스)	0.11 *	3. *	0.35 *	4. *
04:40-05:53	글로벌심쿵로맨스사랑도통역이되나요	0.02 *	1. *	0.08 *	1. *
06:01-07:04	돌아이어티슈퍼TV	0.00 *	. *	0.08 *	0. *
07:17-08:31	비밀의정원나도몰랐던나	0.15 *	2. *	0.41 *	1. *
08:53-10:10	휴게소에서만나는인연자리있나요	0.58 *	5. *	1.51 *	3. *
10:27-11:48	너의목소리가보여5	0.64 *	3. *	1.27 *	2. *
12:10-13:42	가라치코2호점윤식당	0.85 *	5. *	2.42 *	5. *
14:05-15:36	가라치코2호점윤식당	0.79 *	5. *	3.02 *	6. *
15:57-17:46	가라치코2호점윤식당	1.52 *	9. *	3.33 *	6. *
18:06-19:19	화유기	0.62 *	3. *	1.19 *	2. *
19:39-20:56	서울메이트글로벌홈셰어〈본〉	0.76 *	3. *	1.38 *	2. *
21:08-22:25	화유기〈본〉	2.85 *	9. *	3.35 *	4. *
22:40-23:43	tvN특선영화공조-1부〈본〉	1.71 *	5. *	2.71 *	4. *
23:57-25:01	tvN특선영화공조-2부〈본〉	2.26 *	11. *	3.41 *	7. *
25:17-25:59	화유기	0.90 *	8. *	0.87 *	3. *
전시간대(06:00-25:00)		0.96 *	5. *	1.87 *	3. *
오전(06:00-12:00)		0.34 *	3. *	0.76 *	2. *
낮(12:00-17:00)		0.86 *	5. *	2.56 *	5. *
오후(17:00-25:00)		1.49 *	6. *	2.28 *	3. *
핵심시간대(17:00-24:00)		1.38 *	5. *	2.11 *	3. *

07. 방송

약속된 편성시간에 방송을 송출해요. 그전에 광고를 판매하고요.

보통 60분 방송물의 경우 6분까지 광고를 넣을 수 있어요. 방송시간의 10분의 1까지 광고시간을 받으니까요. 광고 수입은 방송물을 만드는 비용으로 쓰여요. 전에는 광고 수입이 가장 중요했는데, 2010년대부터 다른 수입이 생겼어요. 인터넷과 모바일에서 프로그램 자체를 판매할 수 있게 되었고요, 최근에는 외국으로 프로그램 포맷을 팔기도 하거든요.

08. 시청자 의견 및 피드백(Feedback)

방송 후 시청자 게시판이나 각종 모니터 요원들의 의견을 통해 부족한 점을 점검하고 다음 회 녹화를 준비해요. 시청률이나 디지털 지수 등도 일종의 피드백이에요. 시청률 전문 조사기관에서 만든 시청률 분석표에서 분당 시청률을 보면 어떤 장면에서 시청률이 가장 높았는지 알 수 있어요. 이걸 토대로 다음 회 때 더 재미있게 만들려고 또 회의를 하지요.

초등학생의 진로와 직업 탐색을 위한 잡프러포즈 시리즈 07
예능PD는 어때?

2022년 6월 1일 | 초판 1쇄
2023년 6월 1일 | 초판 2쇄

지은이 | 신정수
펴낸이 | 유윤선
펴낸곳 | 토크쇼

편집인 | 박성은 · 김수진
표지 디자인 | 이민정
본문 디자인 | 스튜디오제리
마케팅 | 김민영

출판등록 2016년 7월 21일 제2019-000113호
주소 | 서울시 서초구 나루터로 69, 107호
전화 | 070-4200-0327
팩스 | 070-7966-9327
전자우편 | myys327@gmail.com
ISBN | 979-11-91299-60-1 (73190)
정가 | 13,000원

이 책의 저작권은 저자와 출판사에 있습니다.
서면에 의한 저자와 출판사의 허락 없이 책의 전부 또는
일부 내용을 사용할 수 없습니다.